Lib. 268.

LETTRES

DU

Cᴺ. B. LAURAGUAIS,

A l'occasion du Contrat de vente que le Département de l'Aisne lui a passé du Presbytère et de l'Eglise à Manicamp, et du sursis que le Ministre des Finances a mis à l'exécution de ce Contrat.

A PARIS,

CHEZ les Marchands de Nouveautés.

1797. Aɴ V.

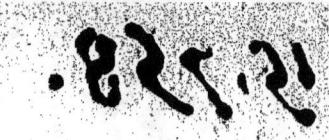

LETTRES

DU C^N. B. LAURAGUAIS.

Au C. DESMAJEAUX, *propriétaire, à Manicamp.*

De Chauny le 10 Pluviôse de l'an 5.

CONCITOYEN, en arrivant ici, j'y fus informé que le 4 de ce mois, le département prit un arrêté en vertu duquel il doit envoyer à Manicamp des forces suffisantes pour y assurer l'exécution des loix. Comme citoyen, j'ai pressé le département d'y rétablir l'ordre public, fortement troublé par les insurrections du 21 et du 30 ; mais on me connoîtroit mal dans notre village, si l'on croyoit que j'ai sollicité aucune vengeance particulière ; on me connoîtroit encore plus mal si l'on pensoit, qu'obtenant de la force des loix ce que je désirois n'obtenir que de l'obéissance qui leur est due, je conserverois maintenant ce que j'avois offert à la commune lorsqu'il étoit question, entre nous, d'arrangemens pacifiques. Je vous dirai d'abord qu'une insurrection de plus ou de moins, et dans laquelle j'aurois été battu ou battant, loin de changer mes principes, me paroît un évènement ordinaire dans ces tems extraordinaires ; je vous dirai ensuite que je prévoyois que votre agent Gervais, ce bon ami de Saint-Just, voulant s'amuser à manger, à Paris, l'argent de la commune, parviendroit à y soulever contre l'exécution de mon contrat, les gens que le bon peuple des villages appelle la populace. Leur insurrection étoit pour Gervais le moyen de tirer encore de l'argent, ou de se tirer d'embarras en y jetant les autres ; aussi, loin d'être étonné de ce tapage, il me semble bien naturel que Derlon, qu'Ambroise, que Tellier, et les autres profanateurs, spoliateurs de l'église, m'en disputent les ruines. Il me paroît encore très-simple de les entendre crier au scandale contre moi, et cela parce que j'exécute à présent ce que ma grand'mère, madame de Montataire, vouloit faire il y a un demi-siècle! Vous savez, comme tout le village, que l'église étant dans son jardin, et à cinquante pas de ses fenêtres, elle proposa souvent aux habitans de la transporter ailleurs. Ce qui lui eût été très-agréable, les circonstances me l'ont rendu très-nécessaire. Je ne puis plus m'enfermer chez moi; on enfonce les portes; on brise les grilles; on abat ou l'on perce les murs, et mon jardin est devenu une grande route. C'est intolérable. Comment usai-je pourtant de mon droit de conserver toutes les propriétés nationales que la nation m'a vendues ? J'offre aux habitans, le terrain vaste et commode du presbytère, et la plus grande partie de la démolition de l'église pour en bâtir une si cela leur convient; aussi pensai-je que la seule industrie de Gervais eût difficilement excité tant de rumeurs contre un semblable procédé de ma part, si le juge de paix Santerre et le curé Bosset n'eussent prêté aux bonnes intentions des amis de Gervais, le secours du personnage qu'ils font dans la société. Mais quand je ne demande pas mieux de ne voir dans M. Santerre qu'un pauvre diable qui aime la *prêtraille*, la *canaille* et la *volaille*, et dans le curé Bosset, qu'un imbécille à qui la tête tourne parce qu'il ne peut pas accorder sa subsistance avec sa conscience, ni soumettre l'une à l'autre; ce qui le rend tour-à-tour constitutionnel quand il a faim, et papiste quand il digère; il faut bien, comme citoyen, demander au gouvernement de punir ces sottises dès qu'elles deviennent dangereuses : mais aussi, comme laboureur, je veux séparer le bon grain du mauvais. Ce que je voulois donner à toute la commune, je veux le donner aux honnêtes gens qui m'ont toujours rendu justice, et n'ont aucune part à tout ceci. Vous êtes de ce nombre, concitoyen, vous connoissez les autres, faites-m'en une liste; c'est à eux que je donnerai le presbytère et la plus grande partie de la démolition de l'église; car, je l'ai toujours dit, mon intention est d'en conserver une partie pour y élever un autel AUX MANES CONSOLÉES.

*Au Citoyen *** membre du département de l'Aisne.*

De Paris le 10 Pluviôse de l'an 5.

JE vous ai demandé, citoyen, toutes les lettres du ministre des finances, à l'occasion de ma soumission de l'église et du presbytère à Manicamp. Vous ne m'avez communiqué que la dernière, datée du 3 de ce mois, qui suspend l'effet du contrat que vous m'avez passé de l'église et du presbytère à Manicamp. Elle est curieuse assurément ; mais celle par laquelle le ministre invitoit le département à ne pas différer l'exécution de mon contrat, n'a-t-elle par son mérite ? N'est-ce pas un mérite, et même encore assez rare à présent, que d'offrir et de resserrer dans les bornes étroites de quelques lignes, sous des dates différentes, le pouvoir sans limites de suspendre aujourd'hui l'acte d'une autorité constituée, auquel il la provoquoit hier. Cependant, la lettre que je vous demande, et de laquelle on lit un extrait dans l'excellent rapport du citoyen Bourgeois, commissaire du pouvoir exécutif près l'administration municipale de Chauny, prouve encore mieux que les autres, le talent avec lequel le ministre Ramel tire parti des circonstances qui semblent ne promettre rien de piquant. Dans cette lettre, il fonde absolument sur l'art. 1er. de la loi du 11 Prairial, an 3e., les doutes qu'il élevoit contre la légalité de la vente de l'église de Manicamp, et sur lesquels il invitoit le département à demander des éclaircissemens à la municipalité centrale de Chauny, dans l'enclave de laquelle se trouve Manicamp. Ainsi, le ministre attendoit que le département déclarât, en me délivrant le contrat de vente de ces objets, n'avoir plus aucun doute sur la légalité de leur vente, pour insister sur les mêmes doutes, avec cette différence pourtant, que, depuis que vous y avez répondu d'une manière peremptoire, le ministre leur donne la force qui le détermine à suspendre l'exécution de votre contrat; de sorte que le ministre a sagement attendu que tout fût éclairci, pour tout brouiller. Toutefois, je ne voudrois pas jurer que l'honneur n'en appartînt absolument au citoyen Pardon, lequel est chargé des contestations sur les églises, et s'en acquitte en véritable sacristain.

Le département vient d'arrêter qu'il enverroit incessamment au ministre les pièces relatives à cette affaire; cette réponse convient à la fermeté que l'aplomb des principes doit donner aux autorités constituées; mais je vous en préviens, toutes ces pièces, je les avois envoyées au représentant du peuple, le citoyen Loysel. Il a voulu les montrer au citoyen Pardon, pour prévenir toute erreur, toute surprise, et peut-être un sursis contre l'exécution d'un contrat formellement garanti par l'article 374 de la constitution. Mais le sacristain Pardon n'a rien voulu voir, n'a rien voulu lire, et a constamment assuré le citoyen Loysel qu'il *n'en avoit que faire.*

Il n'en avoit assurément que faire pour donner une copie de son sursis aux prétendus commissaires de la prétendue commune de Manicamp, et les engager ainsi à revenir et à rentrer à force ouverte en possession de l'église, et cela au mépris du silence que le département avoit cru devoir garder sur ce sursis, de peur d'exciter de nouvelles insurrections.

Il est clair que les agitateurs ont fait sur moi l'essai de la réaction qu'ils préparoient par-tout, et que ceux que Saint-Just a formés à manicamp ont des amis à Paris. Mais comme le cours de cette affaire peut la conduire au directoire, et même au conseil des cinq-cents, j'attends l'évènement final avec la confiance qu'inspire la fermeté du département, et l'attachement du directoire à la constitution.

Lettre du Citoyen B. Lauraguais aux membres de l'administration du département de l'Aisne.

De Paris le 27 Pluviôse, an 5 de la république.

CITOYENS,

J'ai reçu le 26 courant votre arrêté du 18, ensemble les lettres que le ministre des finances vous a écrites, et les papiers qu'il vous a envoyés. Il désire que je vous communique ma réponse à tout cela, et que vous la lui renvoyiez avec votre avis ; à la bonne heure.

Voici ma réponse :

« Je reclame le maintien et l'effet du con-
» trat que vous m'avez passé, de l'Église et
» du Presbytère à Manicamp, et fonde ma
» réclamation sur l'article CCCLXXIV de la
» constitution ».

Mais, puisque le ministre des finances désire quelques observations auxiliaires, subsidiaires de ma part, sur l'objet de la contestation entre moi et quelques habitans de Manicamp, qu'il appelle néanmoins et toujours la commune de Manicamp, quoique la loi du 3 ventôse, an III, *déclare que les communes ou sections de commune, en nom collectif, ne pourront acquérir, ni louer de local pour l'exercice des cultes ;* voilà donc quelques observations auxquelles le département joindra, sûrement, l'avis que le ministre demande.

1º. Par sa lettre du 3 pluviôse, an V, le ministre vous annonce *que la commune de Manicamp fonde ses prétentions sur l'article Ier. de la loi du 11 prairial, an III, et promet de prouver, par l'exhibition de son régistre,* qu'elle est en règle, et d'après cette promesse, il vous charge expressément d'ordonner le sursis à l'effet du contrat que vous m'avez passé.

2°. Par sa lettre du 13 pluviôse, an V, il ne vous parle plus des promesses de la commune ; elle renonce à trouver ses preuves dans le registre, mais elle a remis au ministre un mémoire, accompagné de deux feuilles et autant de demi-feuilles, etc. etc., par laquelle elle entend prouver sa possession de l'église ; et c'est en vertu d'une semblable promesse, et sur de pareils chiffons de papiers, qu'il appelle *un commencement de preuves*, qu'un ministre se permet d'anéantir l'effet d'un contrat garanti par un article formel de la constitution ! Vous en direz votre avis au ministre des finances. J'en dirai ce que j'en pense au directoire, et s'il le faut au conseil des cinq-cents.

Sur le fond de la question, citoyens, je ne ferai qu'une remarque.

Depuis la lettre que le ministre des finances vous écrivoit le 28 thermidor, an V, il insiste uniquement sur l'article Ier. de la loi du 11 prairial. Dans cette lettre, sous l'apparence et la forme de cinq questions sur la légalité de la mise en vente de l'église de Manicamp, il y faisoit cinq objections formelles.

Il vous demandoit *si l'inobservation de l'article V de la loi du* 11 *prairial, an III, et celle de l'article XVII de la loi du* 7 *vendémiaire, an IV, pouvoient être contraires aux prétentions de la commune de Manicamp, et favorables aux miennes ; s'il ne falloit pas s'attacher principalement à l'article I*er*. de la loi du* 11 *prairial, an III.*

Vous donnerez, citoyens, au ministre des finances, une marque de votre attachement à la constitution, en lui donnant votre avis sur la manière dont il vous invite à vous détacher de deux articles de deux loix, pour vous attacher à un troisième ; moi, je me permettrai seulement de lui donner mon avis sur la manière de lire les loix.

Je vais supposer le contraire de ce qui est; que les habitans de Manicamp prouvent par leur registre, (comme la loi du 7 vendémiaire le prescrit) qu'ils étaient en possesssion de l'église de Manicamp, le 1er. jour de l'an 2e. de la république : qu'en résulterait-il ?

qu'ils se seroient trouvés alors dans l'application de l'article Ier. de la loi du 11 prairial, an III, pour jouir provisoirement de cette église ; car cet article porte : *les citoyens, etc. des communes de la république auront, provisoirement, l'usage des édifices non aliénés, destinés originairement aux exercices d'un ou de plusieurs cultes, et dont ils étaient en possession le premier jour de l'an 2e. de la république* ; c'est-à-dire, qu'ayant été en possession de l'église à l'époque déterminée par l'article ci-dessus, la loi leur en accordoit l'usage provisoire. Les autres églises étant déjà aliénées ou prises par la nation, la loi du 11 prairial ne pouvoit plus en laisser l'usage même provisoire, mais elle pouvoit le conserver aux communes qui les possédoient encore le 1er. jour de l'an 2e. afin de les entretenir ; mais cet usage n'étoit formellement que provisoire, parce que les loix précédentes et successives depuis 1789, ont déclaré les églises un bien national et aliénable. La loi du 11 prairial, an III, préparoit donc la loi définitive du 7 vendémiaire, an IV, qui prescrit les conditions nécessaires pour changer en propriété réelle, l'usage provisoire des églises accordées, provisoirement ;

aux communes qui étoient dans le cas de l'article Ier. de la loi du 11 prairial.

Ainsi donc, que les habitans ayent eu, ou non ; avant ou depuis cette époque, l'usage provisoire de l'église à Manicamp, cette église étoit aliénable, comme toute autre non encore aliénée. Or, j'ai rempli les conditions imposées pour en acquérir la propriété. Mon contrat en fait foi. J'en réclame l'exécution au nom de l'article CCCLXXIV de la constitution, qui me l'a garanti en ces termes :

« La nation françoise proclame pareillement, » comme garantie de la foi publique, qu'après » une adjudication légalement consommée de » biens nationaux, quelle qu'en soit l'origine, » l'acquéreur légitime ne peut en être dé- » possédé, sauf au tiers réclamant à être, » s'il y a lieu, indemnisé par le trésor na- » tional ».

Au Citoyen ✶✶✶, membre du Conseil des Cinq-Cents.

De Paris le 28 Pluviôse, an 5.

Je crois avoir prouvé, citoyen, dans mes précédentes lettres, que la nation pouvoit mettre en vente les biens qu'elle m'a vendus, et qu'ayant rempli les conditions de la soumission que le département en a ouverte, j'en ai acquis la propriété. Mais pourquoi n'ai-je point eu de concurrens dans le village? Pourquoi les habitans qui réclament aujourd'hui si hautement l'usage de l'église, ne s'en sont-ils pas assuré la propriété, en la soumissionnant avant moi, ou du moins le même jour? Les développemens dont cette question est susceptible en feront disparoître l'apparente futilité.

On en trouve la première raison dans l'article VIII des loix du 3 ventôse, an 3, relatives à la liberté des cultes. Le voici : *les communes ou sections de communes en nom collectif, ne pourront acquérir ni louer de local pour l'exercice des cultes.*

L'intention

L'intention manifeste des législateurs, en s'exprimant ainsi, étoit de rendre leur exercice presqu'impossible dans les villages, et peut-être de les resserrer dans les chefs-lieux de cantons, sous la surveillance des autorités constituées. Fort peu d'individus eussent voulu acquérir une propriété que beaucoup de circonstances alloient rendre stérile. Aussi, dans le village, n'a-t-il convenu qu'à moi de la mettre en soumission : mais il a convenu à ses habitans de prétendre que l'usage leur en appartenoit; de donner ensuite à cet usage la force de la prescription; et d'en conclure après l'avoir acquise, que les églises sont un bien communal et non pas national. Ils savent pourtant fort bien qu'au lieu d'être communaux, ces biens appartinrent toujours à l'État, *tant à cause de leurs localités que de leur construction*, et que, par cette raison, ils étoient construits et entretenus aux dépens *des gros décimateurs, de certains propriétaires et de forains*. Mais le peuple, en général, aime à croire que les législateurs auroient créé beaucoup moins de choses, s'ils n'en avoient pas oublié encore davantage.

Les réclamations et les pétitions, sur cet

objet, portent donc véritablement sur une question de propriété, et sur l'opposition des réclamans et des pétitionnaires aux décrets qui déclarent les presbytères et les églises un bien national. Telle est la prétention qu'ils ne couvrent cependant que du prétexte d'attachement à leur culte. Mais comme ce prétexte, quoique frivole et transparent, s'applique, s'attache à la masse d'une grande population, et promet à chaque faction l'espérance de s'en servir pour remuer cette masse ; tous les partis n'ont pas manqué de convenir que ce prétexte étoit respectable ; et en attendant l'occasion de le rendre formidable, ils ont parlé perfidement du *fanatisme religieux* et de la tolérance.

Il seroit donc utile pour la paix publique, de démontrer que ce qu'on nomme *fanatisme religieux du peuple* n'est qu'un être de raison ou plutôt d'ignorance, lorsqu'il n'est pas l'ouvrage de l'imposture. Seroit-il moins utile à la société de déterminer avec précision quelle est la nature de la tolérance, puisqu'alors on connoîtroit nécessairement l'étendue de ses limites ?

Tels sont, citoyen, les deux objets sur lesquels je prétends vous consulter, en vous adressant cette lettre.

Pour savoir si le peuple peut être fanatique, s'il y a telle chose que le fanatisme religieux du peuple ; pour s'entendre enfin, lorsqu'on parle du fanatisme religieux du peuple, il faut apparemment commencer par comprendre exactement les mots qu'on prononce.

Comme les mots *fanatiques*, *religion*, ne sont point françois, mais francisés ; qu'ils sont absolument latins ; que les romains les prêtèrent à notre langue ; ils nous transmirent avec ces mots les idées qu'ils avoient eux-mêmes reçues des Grecs. Ouvrez le premier dictionnaire : Henri Étienne, par exemple (1) ; il vous dira que les Romains, ainsi que les Grecs, donnèrent le nom de fanatiques aux hommes qui n'agissoient plus de leur propre volonté, mais par une impulsion divine.

---

(1) Fanum, *phainō*, *tèmnos*, *nàos*. Fanum differt à templo, quòd sit area templi.

Le mot françois religion est le mot latin religio. Ce mot latin n'a point d'étymologie précise en grec : mais la racine du mot de religio, qui vient de *religare* relier, s'embranche dans le même terrain qui produisit les idées mythologiques et religieuses.

Vous n'avez pas oublié que tel est le caractère assigné par Virgile à la Sibylle de Cumes. Enfin *temple* vient de *sacré*, et *sacré* ne vient point de religion ; ce qui prouve que chez les anciens, l'idée attachée au mot sacré étoit antérieure et indépendante de l'idée attachée au mot religion.

Si nous regardons maintenant auprès de nous, si nous voyons depuis plus de cent ans notre bon peuple de France, mettre sur son calendrier *le Saint-Mardi-Gras*, et fêter beaucoup plus la Saint-Martin en mangeant un dindon, qu'en allant à la messe ; nous commencerons à douter du fanatisme du peuple, et à douter sur-tout que ce fanatisme soit religieux. Mais afin d'éclairer absolument les idées qui jusqu'à présent ont rendu ce fait problématique, il faut établir quelles sont les causes qui firent naître cette opinion, et conservent encore les souvenirs de sa décrépitude.

Toutes les idées complexes, et plutôt mythologiques que religieuses, dont nous avons parlé, s'affoiblirent en passant de la Grèce en Italie, et prirent une teinte barbare lorsque les colonies romaines les transportèrent dans les Gaules. On voit sous Charlemagne la plupart des capitulaires conserver la différence, et toutefois, la connexité entre les mots *jurement* et *sacrement* ; et sur-tout, cette idée véritablement mère, car de tout tems elle a nourri les ministres des autels, celle qui adapte l'effet du pouvoir divin, à un signe visible ; idée tellement conservée dans les églises chrétiennes qu'elles définissent ainsi le mot *sacramenta, signa appellamus*.

Les bénéfices soit ecclésiastiques, soit militaires, devinrent un des *signes* du pouvoir mixte et *composé* par la puissance spirituelle et la puissance temporelle, et, comme on ne jouissoit point de l'investiture d'un bénéfice, sans en faire hommage à la souveraineté publique dans la personne qui vous investissoit de ce bénéfice ; on ne vit point d'hommage sans jurement ; point de jurement sans sacrement de fidélité : et les fiefs, sous Charlemagne, étoient *simples* ou *liges* : l'agrégation de toutes ces idées s'offrit à la pensée dans l'expression, ou plutôt dans la formule politique, appelée *foi simple* et *foi lige*.

On seroit tenté de s'étonner de voir sortir le gouvernement féodal de cette étrange métaphysique, si l'on ignoroit que c'est lui qui l'a produite.

Vous douterez que la philosophie moderne ait eu raison de confondre les idées qui appartiennent à l'expression ancienne *fanatique*, avec les idées qu'on attache nouvellement au mot *religion*, en vous rappelant que les Grecs et les Romains furent les peuples les plus superstitieux de la terre, et ne connurent pourtant jamais ce que nous appelons le fanatisme religieux. Les anciens étoient si loin de l'idée de combattre pour leurs dieux, qu'on voit sans-cesse leurs dieux combattre pour les hommes.

Dans le sens qui confond les mots *exaltation* et *fanatisme*, les Romains furent fanatiques, mais l'objet de leur fanatisme ne fut rien moins que religieux ; ils donnèrent toujours des fers aux nations vaincues, rarement des loix, jamais leurs dieux. Le polythéisme établi dans l'Univers, et même parmi chaque nation, mêla si bien les cultes, qu'on vit souvent les Romains adopter de nouveaux dieux, et leur donner le droit de cité.

Ce ne fut qu'à l'époque où le christianisme parut, que son dogme d'un royaume spirituel, sépara le système théologique du système politique ; en rompit l'unité, et prépara entr'eux une guerre dont les feux consumèrent l'empire romain ; que les ténèbres des siècles suivans firent pâlir ; mais qui se ralumèrent bientôt, et eussent dévoré l'Europe, si cette double puissance du sceptre et de l'encensoir réunie dans la thiare, ne l'eût entièrement soumise à ses loix.

Ces deux élémens du pouvoir, ont entr'eux une telle force d'attraction, que la religion chrétienne ne parvint à les séparer un moment qu'en les recombinant bien vîte, et plus fortement que jamais. Aussi le royaume de l'autre monde devint-il dans celui-ci, et sous les papes, un despotisme encore plus réel, encore plus violent que celui des empereurs romains.

La France, sous la seconde race, ne sortit des horreurs de l'anarchie que pour devenir un *bénéfice* dont le pape donnoit l'investiture aux rois. De-là, ces interdits sur le royaume, ces excommunications contre les rois, ces feux, ces foudres du vatican, dans lesquels le philosophe moderne ne voit maintenant qu'un artifice, qui avoient alors l'épouvantable effet de l'anathême payen *sacer esto*.

Les premiers rois furent *les dieux*. Aussi les plus anciens gouvernemens furent-ils théocratiques. Comment les hommes qui venoient de sortir de la terre auroient-ils pu soumettre la sauvage vigueur de leur récente origine à un autre pouvoir ? Il leur falloit aussi du tems pour s'accoutumer à d'autres maîtres : il leur en falloit encore davantage pour essayer de croire qu'ils peuvent n'obéir qu'aux loix.

Aussi voit-on tous les législateurs marquer l'intermédiaire entre ces extrêmes, en supposant une révélation.

Dès que chaque peuplade, devenue une société particulière, prit la forme d'un corps politique, il y eut bientôt dans l'univers connu, autant de dieux que de peuples; et leurs guerres firent naître le polythéisme, qui enfanta l'intolérance théologique et civile, que la philosophie moderne tenta souvent et vainement de séparer.

Cette réunion de la puissance humaine et divine dans la personne des rois, explique pourquoi on ne vit jamais de guerre de religion dans le paganisme. Chaque peuple ne distinguant point ses dieux de ses loix, la guerre entre les nations étoit à-la-fois politique et théologique. Aussi la guerre des Phocéens, la seule qu'on appela sacrée, ne fut point véritablement une guerre de religion. Son but étoit de punir des sacriléges, non point de les convertir. Nous sommes bien loin d'attacher maintenant à cette épithète, *sacrée*, l'idée qu'elle donnoit aux Grecs et aux Latins. Cette expression *sacer esto*, étoit un anathême qui souilloit l'être qu'il foudroyoit (1).

On ne peut donc s'empêcher, à une époque quelconque, d'appercevoir que l'intîme affinité de la puissance spirituelle et de la puissance temporelle les confondit dans l'idée du pouvoir. Il fut violent ou doux, insolent ou humble; mais il est essentiel d'observer qu'il fut toujours de la même nature, que ce fut toujours la même combinaison, et que son essence est d'absorber toute autre puissance simple. S'il fut permis à l'empereur Julien de prévoir, dès la naissance du christianisme, sa grandeur

---

(1) Sacra eadem quæ horribilia; item quæ occulta.
Festus définit ainsi le mot *sacrum*. Sacrum esse quocumque modo atque instituto civitatis consecratum sit; sive ædis, sive ara, sive signum, sive locus, sive pecunia, sive quid aliud, quod diis dedicatum atque consecratum sit.

future, et de la craindre avant qu'elle existât; auroit-il été défendu aux penseurs de la redouter encore quand elle semble détruite.

En effet, quoique les privilèges de l'église gallicane et l'indépendance des rois de France réduisirent cette puissance mixte des papes à paroître, parmi les ruines de Rome, plutôt un objet de curiosité que d'effroi, la philosophie put craindre que plusieurs circonstances fissent renaître ce phénix de ses cendres. Les chances possibles pouvoient couronner un nouveau Charles IX, et surtout un autre Louis XI : cela seul suffisoit pour revoir l'Église redevenir l'État ; sur-tout si le despote, profitant encore plus de l'expérience des évènemens que de celle de son siècle, s'étoit rendu le prince de cet État : ce qui étoit d'autant plus facile, que d'accord cette fois, les beaux esprits, les philosophes, les magistrats, le peuple eussent trop admiré cette révolution pour ne pas la seconder.

Des talens moins redoutables, et par conséquent plus ordinaires sur le trône, eussent pourtant suffi pour s'emparer des circonstances qui eussent aidé le succès de cette entreprise. Tout ce qui semble au peuple appésantir la main de dieu sur lui ; une guerre, la famine, la peste, pouvoient être les élémens de cette révolution exécrable.

Si l'on ne voit pas encore pourquoi la philosophie moderne confondit tant d'idées que la philosophie ancienne ne confondit jamais, en faudroit-il davantage pour appercevoir la raison qui empêcha les philosophes de tenir compte des hérésies qui déchirent le sein qui venoit de les enfanter ; et la guerre que Luther et Calvin firent avec tant de succès contre l'église romaine : mais ils n'étoient réellement que des réformateurs ; et n'attaquèrent l'Église que pour la conserver. Les princes n'embrassèrent leur réforme que pour s'emparer de ses fruits, et comme tous les philosophes ne peuvent pas être tous princes, il fallut bien qu'ils donnassent une tournure moderne à cette ancienne question, afin de la combattre sous une nouvelle face.

Les bornes d'une lettre, et sur-tout celles du tems que vos devoirs laissent à vos loisirs, m'empêchent d'établir ici la série des métamorphoses de l'ancienne philosophie dans la nouvelle : mais ce que j'aurois démontré, je vais le poser en fait ; je vais vous présenter l'extrêmité de la chaîne dont vous pourriez porter le poids, mais dont vous n'avez pas le tems de parcourir l'étendue avec moi.

Les apperçus dans lesquels mon sujet m'entraîne, ne fût-ce que pour en éviter les développemens, reposeront votre esprit, peut-être fatigué des austérités de la première partie de cette lettre.

Je pose donc en fait, que notre philosophie moderne est une véritable secte, et qu'elle ne remonte qu'à Fontenelle.

Jusqu'à cette époque, il semble que le hasard ait eu seul la puissance de tirer tout-à-coup du néant les hommes extraordinaires. C'est ainsi, qu'au milieu des ténèbres de l'Europe, le hasard y fit luire Tichobraë, Copernic, Képler, Galilée et Descartes. Mais ces glorieux investigateurs des plus grandes découvertes, ne furent assurément pas des philosophes dans le sens que nous attachons à ce mot, depuis Fontenelle. Le Dante, Bocace, Milton, Corneille, Racine, Boileau, Molière, ne le furent pas davantage. Pascal embarrassa Voltaire. Il fut tenté quelquefois d'inscrire son nom dans les fastes de la philosophie; mais le disciple du Théologien

Arnaud, mais l'émule du janséniste Nicole, ne pouvoit pas être plus philosophe que l'astrologue Képler, ou que le géomètre Bernoulli, qui, presque de nos jours, mêla des idées superstitieuses à ses méditations sur les comètes.

Je dirai plus, Bayle tout dégagé des foiblesses des préjugés, ne sauroit être compté parmi nos philosophes modernes dans le genre des faits; il est comparable à Casaubon dans le genre des mots: l'un et l'autre furent d'excellens critiques. Casaubon apprit à ses contemporains à lire correctement l'antiquité. Bayle apprit à sa postérité à composer des livres philosophiques. C'étoit un vrai sceptique; il douta de tout, et sûrement nos philosophes conviennent de leur mérite.

Ce qui détermina la nature, le genre de notre philosophie moderne, le voici, si je ne me trompe.

La sphère où l'esprit peut s'étendre, étant déjà occupée en grande partie par les sciences et par les beaux arts, extrêmement perfectionnés dans le siècle de Louis XIV; il ne resta donc plus à la philosophie, proprement dite, qu'un espace à remplir, et cet espace fut très-distinct des autres, occupés par les sciences exactes et les beaux arts ; parce que l'objet vers lequel tendent leurs efforts, étant la vérité pour les sciences, et le beau idéal, pour les arts libéraux ; les sciences s'élevèrent autant au-dessus de toute convention, de toute imposture, que les beaux arts s'élevèrent au-dessus de toute espèce d'imperfections.

Ceci me paroît non-seulement assigner à la philosophie l'espace qui lui est propre, mais expliquer pourquoi les savans illustres, les grands artistes sortent rarement de leur sphère naturelle ; et sur-tout pourquoi ils en sortent rarement sans paroître bien étranges dans la sphère qui leur est étrangère. En effet, ils n'en sortent pas pour entrer dans une autre, sans y divaguer dans le champ immense des erreurs et des conventions qui la remplissent ; et comme il est impossible de trouver un rapport véritable entre une erreur et une vérité, entre une imperfection et la beauté, ce manque d'intermédiaire entre ces extrêmes, y forme une atmosphère de préjugés, d'opinions, de goûts, entre lesquels les savans et les artistes ne peuvent réellement pas faire un choix ;

aussi a-t-on vu Newton tomber des hauteurs de l'infini dans l'Apocalypse ; aussi voit-on les artistes se vautrer quelquefois dans la boue de la société, jusqu'à ce que, séchant leurs aîles aux ardeurs de l'imagination, ils remontent dans son empire.

Si l'on voit pourquoi les savans et les artistes ne sortent guères de la région qui leur est propre, sans se précipiter dans l'absurde, dans le bizarre ; on sent pourquoi les philosophes ne peuvent entrer dans la sphère des sciences et des arts, sans paroître ridicules aux vrais savans et aux artistes véritables.

Fontenelle, qui fut neveu du grand Corneille, mais non pas son héritier, s'apperçut le premier de l'intervalle qui séparoit les vérités rigoureuses des sciences, les sublimes beautés des arts, des agrémens du monde. Il essaya d'en rapprocher les limites, et en fit sentir l'inflexible intervalle.

Ce Fontenelle ferma, pour ainsi dire, le siècle de Louis XIV, et ouvrit celui qu'il étoit destiné à voir tout entier. Cette époque fut marquée par une révolution véritable dans les mœurs et dans le gouvernement. Le parlement, que Louis XIV avoit réduit à son existence essentielle, celle d'une cour de justice, reprit alors le rôle que les circonstances lui donnèrent, et s'empara de leur force. L'intérêt du duc d'Orléans étant lié avec le sien, on vit le parlement casser le testament du monarque, dont il n'auroit pu soutenir les derniers regards.

Les graces, les séductions, la folie libertine de la duchesse de Bourgogne ne furent plus les plaisirs secrets de Louis XIV et de madame de Maintenon.

La tournure piquante et fine de l'esprit de madame de Montespan et de ses sœurs, le ton noble, élégant, exquis de leur conversation, ne firent plus exclusivement le charme de la cour ; ces dangereuses merveilles que Versailles rassembloit, n'y furent plus remfermées. Les acteurs de la cour vinrent jouer à la ville, et s'y trouvant sur un vaste théâtre, ils y trouvèrent aussi beaucoup de spectateurs nouveaux.

Fontenelle étant presque inconnu sur les limites du siècle qui tomboit dans l'histoire et de celui qui s'élevoit vers la postérité ; voyant la bonne compagnie répandue dans le public, essaya de mettre aussi ses mondes

dans

dans le monde ; mais pour les y introduire, ayant forcé le ton particulier aux sciences, et celui qui est propre à la société, il les mit en accord et non pas en harmonie. Son ouvrage fut guindé en ses souplesses, pauvre en sa doctrine, sa langue devint un langage affecté et précieux ; ce mélange constitue le ridicule, il en donna un grand exemple Ce mot ridicule avoit été presqu'inconnu avant Fontenelle ; parce qu'une chose forte et franche de quelque genre qu'elle soit, n'est jamais ridicule. C'est donc sur la fin du siècle de Louis XIV, que la société fut frappée de cet être nouveau. A peine avoit-il commencé à percer dans le monde, que Molière ne manqua pas de s'en saisir : mais cet homme de génie sentit bientôt que ce qu'on appeloit ridicule dans le monde, n'étant qu'un apperçu de convention, et lui-même qu'une sorte de convention, qui s'écarte gauchement d'autres conventions établies ; il affoibliroit le *vis comica*. Aussi ne put-il l'employer qu'une fois dans ses grands ouvrages ; et fut-il obligé de soutenir le ridicule, dans les femmes savantes, par l'intrigue la plus chaude et les caractères les plus vigoureux. Enfin il n'employa le ridicule dans son état naturel que dans les précieuses ridicules, et d'autres farces. Les contrastes dans la société sont trop adoucis par la politesse, pour que le ridicule y ait le ressort qu'il prend quand il essaye d'attaquer une vérité qui le repousse loin d'elle ; Aussi Pascal le vit-il surger de tous côtés en composant ses Provinciales, et put le verser à grands flots sur les jésuites.

C'est donc l'importance et la difficulté senties par les contemporains de Fontenelle, d'éviter le ridicule, et de régner sur l'opinion par l'opinion ; qui créa l'espèce de philosophie particulière à nos philosophes modernes. N'ayant à considérer qu'un nombre d'objets assez bornés, assez connus, elle s'occupa nécessairement à chercher entr'eux des rapports nouveaux, à les placer sous différentes perspectives, à les décomposer, à les recomposer ; à les décolorer, à les repeindre ; enfin, à les mettre en intrigue.

L'ensemble de la religion, telle qu'elle existoit encore et alors, étoit donc le but contre lequel la philosophie pouvoit lancer le plus grand nombre de ses traits. En effet, quoique les tems eussent forcé les prêtres de rétablir souvent l'édifice de la religion; quoique ses matériaux ne fussent plus les mêmes, et qu'on vît à présent en brique, les murs qui avoient été bâtis en pierre, et d'abord en marbre; l'aspect de cet édifice n'étoit point changé. Ce qui paroissoit le principe de sa destruction; ce qui auroit bientôt détruit tout autre corps politique que celui de l'église, étoit le principe de sa conservation. L'espèce de postérité de cette famille n'ayant jamais pu être composée de ses nombreux enfans, l'idée d'hérédité n'entra jamais non plus dans la combinaison de son existence. Cela seul lui fit conserver éternellement la constitution théocratique, et le véritable gouvernement féodal. Aussi, cette idée de l'hérédité, qui découle de la nature de l'homme, et de celle des choses, puisqu'elle fait naître les principes de la propriété, et donne de la stabilité au gouvernement, en liant encore dans le système politique, les générations que la mort a séparées : cette idée d'hérédité fut tellement inconciliable avec le gouvernement féodal, qu'à peine établi sous Charles le Chauve, elle en détruisit la base fondamentale ; en rendant héréditaires les bénéfices militaires, qui, jusqu'à Charles le Chauve, n'étoient qu'à vie, comme le furent éternellement les bénéfices ecclésiastiques.

Ce fut une révolution complète dans la constitution et dans le gouvernement de la France. La féodalité ne fut plus qu'un monstre politique. Les tems le rendirent successivemement barbare, bizarre, et ridicule enfin.

Barbare, lorsque son unité collective fut rompue par la révolution qui en sépara les élémens. Ils furent dès lors dans un choc continuel.

Bizarre, lorsque les souverains crurent pouvoir dompter ou fortifier ces élémens, en les combinant avec de simples institutions.

Ridicule, enfin, depuis le contraste de titres sans pouvoirs, et de dignités sans noblesse.

Le zèle mal entendu des papes et des évêques ayant extrêmement augmenté le nombre des ecclésiastiques, et leur nombre les ayant rendu scandaleux, il n'en fallut pas davantage à la philosophie moderne pour se déchaîner contre la religion. Voltaire fit cinquante ou soixante campagnes contre Jésus-

Christ, et certainement les siennes sont beaucoup plus connues que celles de Montécuculli. Une chose qui n'est guères moins connue, est cette phrase de Voltaire, qu'il adressa souvent à ses disciples : « Ne combattons pas à-la-fois la religion et le gouvernement; débarrassons-nous de la première, et nous verrons après ».

Ceci prouve que les idées de religion et de gouvernement étoient encore mêlées, et qu'il croyoit ne venir à bout du gouvernement qu'après s'être débarrassé de la religion.

En effet, quoiqu'humiliée depuis qu'elle ne couloit plus de la plume de Bossuet, de Fénélon, ni de la bouche de Fléchier et de Massillon, elle soutenoit encore le gouvernement : il étoit trop insensé pour s'en appercevoir ; et sa foiblesse crut se fortifier en laissant abattre son foible soutien.

Voltaire fit donc une croisade contre Jésus-Christ, et parla tolérance au milieu d'une église tellement intolérante, qu'elle seule dit à toutes les autres : *hors de mon sein point de salut.*

Depuis la révolution de 1789, depuis que la France ne reconnoît plus de culte dominant, depuis qu'elle s'est emparée des biens quelconques qui entretenoient, qui payoient les nombreux ministres d'un culte dominateur, au point d'être exclusif ; les fanatiques, par défaut d'esprit ou par esprit de faction, n'ont eu d'espoir que dans la tolérance.

Les prêtres dépouillés, lui demandèrent consolation ; les autres, protection.

La législature attendrie du mal qu'avoit fait le bien qu'elle n'avoit pas su faire, parla dès-lors de tolérance. Chaque parti chercha à répandre sur l'autre l'illusion attachée à ce mot, moins philosophique que magique. Les prêtres et leurs amis se promirent déjà de redevenir intolérans un jour, et les orateurs qui entraînoient l'assemblée nationale vers la tolérance, moins par leur logique que par leur adresse, espéroient peut-être aussi de n'être plus forcés un jour à tolérer ce qui leur paroissoit intolérable déjà.

Je puis me tromper assurément, mais tel me paroît être le germe que les factions ont si facilement empoisonné, et dont la contagion est devenue épidémique, parce que ce germe ne renfermoit pas une incorruptible vérité. Jusqu'à quel point cette épidémie est-elle redoutable ? Les calculs donneroient facilement ce résultat, mais ils seront étrangers à la question actuelle, dès qu'on la présentera dans sa simplicité. Cette manière franche de l'aborder, fera juger si le gouvernement a fait dans ses loix sur les cultes, une application vraie ou fausse de la tolérance. Elle m'écartera heureusement aussi des discussions que Bayle a rendues trop fameuses ; car au lieu de traiter de la tolérance des religions, il n'en toléroit aucune.

Warburton reprit cette matière, déja traitée par Hobbe, par Bayle, Leibnitz, Bossuet et Grotius ; mais il écrivit en évêque, et en évêque anglican.

Encore une fois, les accessoires de cette question l'ont toujours étouffée. Je les écarterai tous, et bien vîte, en demandant qu'est-ce que la tolérance ?

La tolérance n'étant point un être visible, un être palpable, est donc un être abstrait ; et comme être abstrait, il ne peut s'appliquer, s'adapter qu'à un être du même genre, tel que la politique, la religion.

La tolérance appliquée à la religion, et parconséquent à toutes les religions, consiste nécessairement à souffrir, permettre, autoriser l'exercice du culte d'une religion, et de chaque religion ; mais comme le dogme théologique d'une religion quelconque, ne s'annonce à la tolérance, ne la sollicite que par son culte extérieur, chaque culte prend nécessairement le caractère d'un genre mixte, dès qu'il frappe les regards de la société, par un acte extérieur et par des effets publics.

Il résulte de l'analogie entre les êtres moraux, qu'un dogme théologique quelconque, peut être comparé à un dogme politique quelconque : il résulte aussi de la différence entre les cérémonies d'un culte et son dogme, que la partie mixte qui lui est extérieure, et qui forme ce culte extérieur, est non-seulement analogue à la police générale d'un gouvernement, mais lui est soumise, et cela, 1°. Parce que la société des hommes n'étant fondée que par les fragiles conventions humaines ; ce qui attaqueroit une des conventions fondamentales de leur société, détruiroit cette société ; tandis que le culte extérieur étant appuyé sur des dogmes, dont l'existence est incontestablement théologique, ne peut être détruite par la volonté du gouvernement, mais seulement par l'opinion *humaine* ; qu'enfin ce culte extérieur, n'est réellement qu'un *signe* visible, par lequel un dogme s'annonce à la société en général, mais ne se révèle qu'à sa communion particulière.

2°. Parce que l'exercice d'un culte peut être complètement rempli, sans que sa partie extérieure paroisse dans la société.

Si donc il est évident que la tolérance consiste à tolérer un dogme et son culte dans leur intégrité, dans leur étendue théologique; il n'est pas moins évident que l'étendue physique, dont un culte est susceptible, dépend uniquement du gouvernement.

La limite naturelle d'un culte toléré, s'étend jusqu'à rendre praticable l'exercice de ce culte (1), et le nombre des temples qui leur est accordé par le gouvernement, doit augmenter ou diminuer en raison de la sympathie ou de l'antipathie des cultes qu'il tolère avec les loix de la constitution.

---

(1) La distance des marchés qui se trouvent dans tous les chefs-lieux de cantons remplit ce but. Si le culte est un devoir, les besoins qu'on ne satisfait qu'aux marchés, sont une nécessité.

Dans un État qui ne reconnoît point de religion dominante, mais qui tolère le papisme et les autres religions, chaque individu peut être prêtre et citoyen, prêtre, sans être citoyen, et sur-tout citoyen sans être prêtre ; mais le gouvernement doit savoir ce que chacun est ; et comme sa puissance ne descend pas dans les consciences, mais s'étend sur les actions ; il ne peut voir dans les prêtres non citoyens, que des ennemis, plus ou moins dangereux par leur doctrine, et sur-tout par leur nombre. Cette différence détermine les limites dans lesquelles la tolérance doit étendre ou resserrer les cultes divers.

Telle est la nature de la différence entre l'étendue théologique des cultes, laquelle est identique avec leur intégrité dogmatique, et l'étendue physique plus ou moins grande, que le gouvernement peut accorder à la célébration des cultes.

C'est cette différence qu'il falloit appercevoir pour la saisir. Mais, quoiqu'essentielle, quoiqu'immense, quoique palpable, pour ainsi dire, les factions ont empêché la législature d'en être frappée, et sont parvenues, après avoir tout mêlé, à lui faire prendre ensuite l'étendue physique pour l'étendue morale.

La plupart des loix sur les cultes prouvent que l'intention des législateurs étoit de rendre les papistes constitutionnels ; qu'ils ont cru être obéis dès qu'ils ont commandé ; et sur-tout, n'ont pas douté de l'être par les papistes, en leur offrant la plus grande extension de leur culte, en compensation des sacrifices dogmatiques qu'ils en exigeoient.

Quel a été l'effet des fausses mesures qu'ont produit des idées fausses sur la tolérance ? De rendre presque tous les curés, comme celui de Manicamp, *constitutionnels quand ils ont faim, et papistes quand ils digèrent !*

Voilà les cœurs que nous avons gagnés ! voilà les amis que nous avons donnés à la république.

Je suis loin de reprocher à la législature d'avoir eu la conscience de la révolution. Je crois au contraire qu'elle n'a pas conçu tout ce qu'elle enfanta. Je ne me rappelle point certains forfaits, sans penser que les faits furent encore plus coupables que les projets. Mais ne peut-on pas s'étonner de voir la législature, pendant le cours de la révolution, avoir plutôt l'air d'en être la spectatrice que la cause motrice ?

Quand elle institua la fête de la Raison, quand elle fit l'apothéose de Marat! quand le culte *** enivra le peuple du sang que ce nouveau Dieu répandoit sur lui; faut-il dire pour la justifier, que les hommes ne pouvoient pas se préparer à une législature aussi inattendue. La Convention a mieux dit; elle a dit qu'elle avoit été tyrannisée ; et la preuve de cette vérité, est la contrainte qui (1) l'empêcha de la prononcer plutôt. D'ailleurs, une nation peut être soumise, peut être policée, jamais polie. Il y a plus; les connoissances humaines sont comme le phosphore ; elles ne se changent en lumières que par un contact extérieur ; ne sont adoucies que par le frottement de la société, et polies que sous la lime d'une saine critique. Enfin, dès que la démocratie a déchaîné la multitude contre un autre gouvernement, elle

―――――――――――――――――――

(1) La députation de l'Aisne, Saint-Just excepté, eut le courage de prononcer cette vérité beaucoup plutôt ; car elle l'annonça à son département peu de jours après le 31 Mai.

met nécessairement le pouvoir dans les mains de l'ignorance, et pousse à la tribune, des enragés, des capucins, et sur-tout des jésuites. Cela seul peut expliquer, ce me semble, comment la législature, au lieu d'être frappée de la différence de l'étendue théologique d'un culte, et de la plus ou moins grande extension qu'il peut recevoir du gouvernement, fit tant d'efforts pour lier la religion avec le gouvernement, tandis que la religion étoit détruite! tandis que la constitution étoit détruite! et que le gouvernement devenoit révolutionnaire, l'étoit déjà ou l'étoit encore!

Ah! ne seroit-il pas tems d'adresser des paroles de justice aux prêtres! Qu'auroient-ils à répondre si on leur parloit à-peu-près ainsi: vous avez été persécutés, mais vous vous plaignez indiscretement de vos persécuteurs? Nous déplorons plus sincèrement nos fautes, que vous ne pleurez sincèrement vos malheurs. Nos fautes et vos malheurs vous ont rendus formidables! Retenez vos reproches contre nos rigueurs, réservez-les à notre justice: plus de contrainte entre vous et nous. Vous étiez ministres du culte catholique romain, vous le serez tant que vous n'abjurerez pas son dogme ; mais quiconque a fait serment au pape, n'en fera point à la république ; nous ne voulons plus de vos parjures ; nous aimons mieux votre haine ; nous la tolèrerons et la rendrons impuissante.

Si l'exécution de ces idées vous promettoit, citoyen, d'étouffer les troubles que des mesures incomplètes, ou fausses, ont fait naître sous la main qui vouloit en étouffer le germe, vous pourriez, je pense, proposer au conseil des cinq-cents, la résolution suivante :

Article Premier.

La tolérance des cultes sera sans limites ; tous les cultes seront tolérés dans l'intégrité de leur étendue théologique ; mais leur exercice extérieur ne sera permis que sous la surveillance des autorités constituées dans chaque chef-lieu de canton.

II. Tout individu, dans un village, qui osera exercer un culte extérieur, qui rassemblera des hommes et des femmes, sera dénoncé dans les vingt-quatre heures par l'agent du village à l'autorité constituée de son canton, laquelle dans les vingt-quatre heures ensuite fera déporter cet individu ; lequel étant repris sur le territoire de la république, l'identité étant reconnue, sera mis à mort dans les vingt-quatre heures comme réfractaire aux loix, et leur ennemi déclaré.

III. Tout ministre d'un culte quelconque, qui voudra l'exercer publiquement, y sera sur-le-champ autorisé par l'autorité constituée du département à laquelle il s'adressera, en lui déclarant qu'il se soumet sans aucune restriction à toutes les loix de la république, ou que son dogme l'empêche de les reconnoître. Dans le premier cas, le nom du ministre sera inscrit sur les registres des ministres citoyens, s'il a d'ailleurs les autres conditions civiques ; dans le deuxième cas, son nom sera inscrit sur le registre des ministres non citoyens.

IV. L'étendue physique et plus ou moins grande, dont l'exercice d'un culte est susceptible, étant absolument soumise à la police de l'État, chaque culte ne pourra être exercé que dans l'intérieur des temples ; et il n'y aura de temples que dans chaque chef-lieu de canton.

V. Les autorités constituées, vingt-quatre heures après la notification de la présente loi, mettront en vente, dans chaque village, les églises qui n'auront pas encore été aliénées, en passeront contrat au plus offrant enchérisseur. Les communes ou sections de communes seront admises aux enchères, rapportant, à cet effet, l'article VIII des loix relatives à la liberté des cultes, 3 ventôse, an III, qui leur en ôtoit la faculté.

VI. L'acquéreur, ou les acquéreurs desdites églises, seront tenus dans les vingt-quatre heures après l'expédition de leur contrat, d'abattre lesdites églises. En cas de contravention, chaque autorité dans chaque chef-lieu de canton, annulera le contrat de vente de l'église ; la fera abattre, et la vendra ainsi que le terrain, au profit de la république.

ERRATUM.

Page 32, ligne 22 ; au lieu de étant presque inconnu ; *lisez :* étant presque encore.

DE L'IMPRIMERIE DE A. CL. FORGET, rue du Four Saint-Honoré, N°. 48.

www.ingramcontent.com/pod-product-compliance
Lightning Source LLC
LaVergne TN
LVHW021706080426
835510LV00011B/1613